Milet Publishing
Smallfields Cottage, Cox Green
Rudgwick, Horsham, West Sussex
RH12 3DE England
info@milet.com
www.milet.com
www.milet.co.uk

First English–Portuguese edition published by Milet Publishing in 2013

Copyright © Milet Publishing, 2013

ISBN 978 1 84059 781 3

Original Turkish text written by Erdem Seçmen
Translated to English by Alvin Parmar and adapted by Milet

Illustrated by Chris Dittopoulos
Designed by Christangelos Seferiadis

Printed and bound in Turkey by Ertem Matbaası

My Bilingual Book

Hearing
A Audição

English–Portuguese

Our ears are like our radar

Nossos ouvidos são como um radar

for hearing sounds from far.

para sons distantes escutar.

Our ears delight in hearing shouts of glee.

Nossos ouvidos se deliciam com sons de alegria.

I am happy for you, and you are happy for me.

Eu fico feliz por você e você por mim se anima.

Do you hear that buzz? Oh no . . .

Ouviu esse zumbido? Oh não . . .

It's a mosquito!

É um mosquitão!

The sweet voice of my mother

A voz doce de minha mãe

is a sound like no other.

É como a de mais ninguém.

Hearing is a very sensitive sense.

A audição é um sentido muito sensível.

We hear sounds and also silence.

Ouvimos sons, mas o silêncio também é audível.

When there's too much noise,

Quando existe demasiado ruído,

it's hard to hear one voice.

É difícil ouvir uma só voz.

I hear the sound of propellers, so I know

Ouço o som de um rotor e sei

it's a traffic helicopter, flying low.

que um autogiro voando baixo aí vem.

If we could listen to music all day long,

Se eu pudesse ouvir música todo o dia,

we would learn the words to every song!

a letra de todas as músicas saberia.

Our ears are for hearing what's around us,

Nossos ouvidos servem para ouvir o que há em nosso redor,

and also for listening to what's inside us.

e também para ouvir o que há em nosso interior.

Morning brings a happy noise,

O amanhecer traz o som feliz

the sound of birds chirping, singing their joys!

dos pássaros piando, sua alegria cantando!